Dieter Leipold
Wege zur Konzentration von Zivilprozessen

Schriftenreihe
der
Juristischen Gesellschaft zu Berlin

Heft 162

1999
Walter de Gruyter · Berlin · New York

Wege zur Konzentration von Zivilprozessen

Anregungen aus dem Europäischen Zivilprozeßrecht

Von
Dieter Leipold

Vortrag
gehalten vor der
Juristischen Gesellschaft zu Berlin
am 21. Oktober 1998

W
DE
G

1999
Walter de Gruyter · Berlin · New York

Dr. Dr. h. c. *Dieter Leipold*,
o. Universitätsprofessor an der Universität Freiburg i. Br.

∞ Gedruckt auf säurefreiem Papier,
das die US-ANSI-Norm über Haltbarkeit erfüllt.

Die Deutsche Bibliothek – CIP-Einheitsaufnahme

Leipold, Dieter:
Wege zur Konzentration von Zivilprozessen : Anregungen aus dem
europäischen Zivilprozeßrecht ; Vortrag gehalten vor der Juristischen
Gesellschaft zu Berlin am 21. Oktober 1998 / von Dieter Leipold. -
Berlin ; New York : de Gruyter, 1999
  (Schriftenreihe der Juristischen Gesellschaft zu Berlin ; H. 162)
  ISBN 3-11-016563-5

I. Einführung[1]

Wege zur Konzentration ... – vielleicht kommt dem einen oder anderen die Formulierung bekannt vor? Fritz Baur sprach am 13. Oktober 1965 vor der Berliner Juristischen Gesellschaft über das Thema „Wege zu einer Konzentration der mündlichen Verhandlung im Prozeß"[2]. Ihm ging es darum, der Aufsplitterung des Zivilprozesses in eine Vielzahl inhaltsloser Termine und der damit verbundenen Verzögerung des Verfahrens entgegenzuwirken. Der Kern seines Vorschlags zielte darauf ab, auch in Zivilsachen nach dem Vorbild des Strafprozesses eine Hauptverhandlung einzuführen. Baurs Vortrag erwies sich in der Tat als wegweisend. Zunächst gab er engagierten Richtern Anlaß, schon aufgrund des damals geltenden Zivilprozeßrechts ein konzentriertes Verfahren zu erproben, bekannt geworden unter der Bezeichnung Stuttgarter Modell und vor allem mit dem Namen Rolf Benders verbunden. Länger dauerte es, bis sich der Gesetzgeber auf den neuen Weg locken ließ. Doch seit der Vereinfachungsnovelle 1976 steht auch in der ZPO (§ 272 Abs. 1) zu lesen, der Zivilprozeß sei in der Regel in *einem* umfassend vorbereiteten Termin zur mündlichen Verhandlung, dem Haupttermin, zu erledigen. Ob die Vereinfachungsnovelle ihren Namen zu Recht erhielt, mag man in mancherlei Hinsicht, etwa im Hinblick auf die Gestaltung der Präklusionsregeln, bezweifeln. Das Ziel, die mündliche Verhandlung stärker zu konzentrieren, ist aber, wie die Statistiken ausweisen, zu einem guten Teil erreicht worden[3], wenn es auch nach Inkrafttreten des neuen Rechts noch einige Zeit dauerte, bis sich die Gerichte (oder doch jedenfalls die meisten von ihnen) von den vertrauten und gleichwohl sinnlosen „Durchrufterminen" verabschiedet hatten. Und wenn sich die Dauer der Zivilprozesse, jedenfalls in der ersten Instanz, trotz des deutlich gestiegenen Geschäftsanfalls

---

[1] Die Vortragsform wurde beibehalten. Auf das nach dem Vortrag und der Fertigstellung des Manuskripts erschienene grundlegende Werk von Karsten Otte, Umfassende Streitentscheidung durch Beachtung von Sachzusammenhängen, Gerechtigkeit durch Verfahrensabstimmung? (1998) kann nur noch hingewiesen werden.

[2] Schriftenreihe der Juristischen Gesellschaft e. V. Berlin, Heft 23 (1966).

[3] So betrug die Zahl der Termine (beschränkt auf die mit Termin erledigten Prozesse) im Jahre 1997 bei den Amtsgerichten 1,5, bei den Landgerichten 1,6, Statistisches Bundesamt, Zivilgerichte 1997 (Arbeitsunterlage), Tabellen 2.3 und 5.3.

noch sehen lassen kann[4], so haben auch dazu die von Fritz Baur initi-
ierten Konzentrationsbemühungen ihren Teil beigetragen.

Mir geht es heute darum, dem Konzentrationsgedanken in seiner
über den einzelnen Prozeß hinausgreifenden Dimension nachzuspü-
ren. Nach meinem Eindruck trägt das geltende deutsche Zivilprozeßrecht zu wenig dazu bei, einer Zersplitterung sachlich zusammenhän-
gender Konflikte auf eine Mehrzahl von Prozessen entgegenzuwirken.
Worin die Vorteile einer Verfahrenskonzentration liegen oder zumindest liegen können, ist nicht schwer zu erkennen. Den Gerichten und
den Parteien werden Arbeitszeit und Kosten erspart, wenn die Erarbei-
tung des Sachverhalts durch Vortrag, Erörterung, Beweisaufnahme und
Beweiswürdigung nur einmal statt in einer Mehrzahl von Prozessen zu
erfolgen braucht. Das wird besonders deutlich, wenn über sachlich eng
zusammenhängende Streitigkeiten zur gleichen Zeit mehrere Prozesse
vor verschiedenen Gerichten geführt werden. Neben der Entlastungs-
wirkung ist ein zweiter Aspekt der Prozeßkonzentration zu beachten.
Das gemeinsame Verfahren verhindert, daß in den getrennten Prozessen möglicherweise widersprüchliche Entscheidungen getroffen werden, ein Ergebnis, das auch durch die materielle Rechtskraft der ersten
unanfechtbar gewordenen Entscheidung in einem solchen Streitkom-
plex angesichts der engen subjektiven und objektiven Grenzen der
Rechtskraft in vielen Fällen nicht ausgeschlossen wird. Ein dritter
grundsätzlicher Vorteil der Verfahrenskonzentration ist zu nennen: die
Zusammenfassung der aus einem Konflikt hervorgehenden Streitigkeiten bietet größere Chancen zu einer Gesamtbereinigung, sei es durch
ein gerichtliches Urteil oder auch durch einen Prozeßvergleich, für den
das Gericht, sieht es die Gesamtheit des Streits vor sich, bessere Anregungen zu geben vermag.

Angesprochen sind also sowohl Aspekte der Prozeßökonomie als
auch der inhaltlichen Qualität der Rechtsschutzgewährung, und beides
sollte eigentlich Grund genug für den Gesetzgeber sein, sich dieses
Themas bei seinen Reformüberlegungen anzunehmen. Auch nach der
Vereinfachungsnovelle des Jahres 1976 hat es an gesetzgeberischen Be-
mühungen zur Reform des Zivilprozeßrechts nicht gefehlt. Das
Rechtspflege-Vereinfachungsgesetz des Jahres 1990 und das Gesetz zur
Entlastung der Rechtspflege von 1993 waren jedoch wenig erfolgreich.

---

[4] Die durchschnittliche Dauer der Zivilprozesse betrug im Jahre 1997 bei
den Amtsgerichten 4,6 Monate, bei den durch streitiges Urteil erledigten Verfahren 6,7 Monate. Für die Landgerichte lauten die entsprechenden Zahlen 6,6
bzw. 10,4 Monate, s. Statistisches Bundesamt, Zivilgerichte 1997 (Arbeitsunterlage), Tabellen 2.2 und 5.2.

Auch der jüngste Bonner Anlauf in Gestalt des Entwurfs eines Gesetzes zur Vereinfachung des zivilgerichtlichen Verfahrens und des Verfahrens der freiwilligen Gerichtsbarkeit, der vorerst freilich gescheitert
ist[5], würde kaum sensationelle Wirkungen produzieren (und ich füge
hinzu, daß mein Pessimismus auch für den erneuten Versuch gilt, obli-
gatorische Schlichtungsverfahren zu etablieren, wie es die im Entwurf
enthaltene Öffnungsklausel für den Landesgesetzgeber anstrebt). Rea-
listischer Weise muß man zugeben, daß die Möglichkeiten, durch Re-
formen des Verfahrensrechts die Belastung der Gerichte zu mindern,
ohne zugleich die Qualität des Rechtsschutzes zu verschlechtern, ohnehin begrenzt sind. Um so mehr sollte man sich bemühen, nicht nur
in den herkömmlichen Bahnen, sprich Anhebung der amtsgerichtli-
chen Zuständigkeitssumme, Erhöhung der Berufungssumme und der-
gleichen, zu denken, sondern nach neuen Wegen Ausschau zu halten.

Natürlich ist die Zusammenfassung von Prozessen kein Wundermit-
tel. Das Ziel, einer Zersplitterung entgegenzuwirken, läßt bereits den
entscheidenden Gesichtspunkt erkennen: es muß sich um Verfahren
handeln, die dem Inhalt nach hinreichend eng miteinander zusammen-
hängen. Allein bei genügendem Sachzusammenhang kann man sich
von einer Verfahrenskonzentration Vorteile erhoffen. Aber nicht nur
diese inhaltliche Voraussetzung ist wichtig. Es muß auch bedacht werden, wem die Initiative zur Konzentration oder zur Aufsplitterung
überlassen wird.

II. Mittel der deutschen ZPO zur Verfahrenskonzentration

Die geltende ZPO steht dem hier beschworenen Gedanken einer
Verfahrenskonzentration keineswegs verständnislos gegenüber. Sie
überläßt es allerdings zu einem guten Teil der Parteiinitiative, genauer
dem Kläger oder Widerkläger, ob von den verfügbaren Möglichkeiten
zur Zusammenfassung Gebrauch gemacht wird. Man mag dies als Aus-
druck der – ursprünglichen – liberalen Grundhaltung der ZPO begrei-

---

[5] Der Gesetzentwurf wurde zwar vom Bundestag noch in der letzten Legislaturperiode beschlossen (Gesetzesbeschluß vom 18. Juni 1998, Bundesrats-
Drucksache 564/98), doch rief der Bundesrat (dem Vernehmen nach nicht wegen der geplanten Änderungen im Bereich des Zivilprozesses, sondern wegen
der in den Gesetzentwurf aufgenommenen Neuregelungen über die Führung
des Handelsregisters) den Vermittlungsausschuß an, und dort kam es nicht zu
einem Einigungsvorschlag. Ob und mit welchem Inhalt der Entwurf in der jet-
zigen Legislaturperiode erneut eingebracht wird, bleibt abzuwarten.

fen, doch da es auch um den Entlastungseffekt für die Gerichte und damit um das allgemeine Interesse geht, ist, um es schlagwortartig zu formulieren, zu überlegen, ob neben einer Konzentrationsfreiheit in bestimmten Fällen nicht auch eine Konzentrationslast angezeigt wäre.

Aber sehen wir uns zunächst in aller Kürze an, was die ZPO zu bieten hat. Sie kennt die objektive und die subjektive Klagehäufung, und diese Stichworte verdeutlichen zugleich, daß die Verfahrenszusammenfassung zwei durchaus verschiedene Spielarten aufweist, je nachdem ob es um mehrere Ansprüche zwischen denselben beiden Parteien oder um die Einbeziehung mehrerer Parteien in einen Prozeß geht. Die objektive Klagehäufung läßt § 260 ZPO großzügig zu, auch wenn die in der Klage verbundenen Ansprüche auf verschiedenen Gründen beruhen. Das Gericht ist aber berechtigt, die Verfahren zu trennen, wenn ihm die gemeinsame Behandlung nicht zweckmäßig erscheint, § 145 Abs. 1 ZPO . Macht umgekehrt der Kläger getrennte Prozesse anhängig, obgleich eine Konzentration zulässig wäre und sich des Sachzusammenhangs wegen anbietet, so kann das Gericht von sich aus die Verfahren verbinden, § 147 ZPO. Das ist insoweit ein durchaus stimmiges Modell. Allerdings müssen sich die genannten Vorgänge stets bei ein und demselben Gericht abspielen, das überdies für alle Ansprüche zuständig sein muß. Einen Weg zu Konzentration von Prozessen, die bei verschiedenen Gerichten anhängig sind, kennt die ZPO nicht.

Mit der objektiven Klagehäufung eng verwandt ist die Widerklage. § 33 Abs. 1 ZPO erleichtert sie, indem die Zuständigkeit des Prozeßgerichts bejaht wird, sofern die Widerklage mit dem Klageanspruch oder den dagegen vorgebrachten Verteidigungsmitteln in Zusammenhang steht. Ob ein derartiger Zusammenhang der Widerklage mit der Klage zugleich als allgemeine Voraussetzung für die Zulässigkeit der Widerklage anzusehen ist, ist seit langem umstritten[6]. Gegen ein solches Zulässigkeitserfordernis spricht vor allem der Grundsatz der Gleichheit der Parteien; denn das Gesetz zieht ja auch dem Kläger bei objektiver Klagehäufung keine Grenze durch ein Erfordernis des Sachzusammenhangs. Die Trennung von Klage und Widerklage bleibt dem Gericht, wenn es an einem rechtlichen Zusammenhang zwischen beiden fehlt, ohnehin vorbehalten, § 145 Abs. 2 ZPO. Bei an sich unterschiedlichen Zuständigkeiten für Klage und Widerklage führt die widerklagefreundliche Zuständigkeitsregel freilich nur dann zu einer Verfahrenskonzentration, wenn der Beklagte davon auch Gebrauch macht. Einen Zwang

---

[6] Dazu näher Stein-Jonas-Schumann, ZPO, 21. Aufl., § 33 Rdnr. 6 f.; Zöller-Vollkommer, ZPO, 21. Aufl., § 33 Rdnr. 1.

zur Widerklage kennen das Gesetz und die bislang h. M. nicht; vielmehr kann der Beklagte des ersten Prozesses seinen Gegenanspruch auch in einem neuen Prozeß bei einem anderen zuständigen Gericht einklagen.

Bei der Zulassung einer subjektiven Klagehäufung, also einer Streitgenossenschaft, erweist sich das Gesetz als ähnlich großzügig wie bei der objektiven Klagehäufung. Nicht nur bei Rechtsgemeinschaft und bei Berechtigung oder Verpflichtung aus demselben rechtlichen oder tatsächlichen Grund (§ 59 ZPO), sondern auch schon bei gleichartigen und auf im wesentlichen gleichartigem Grund beruhenden Ansprüchen (§ 60 ZPO) läßt sie die Streitgenossenschaft auf der Kläger- wie auf der Beklagtenseite zu. Die Initiative liegt beim Kläger; Verbindung und Trennung sind auch hier die sachgerechten gerichtlichen Korrekturmöglichkeiten. Voraussetzung der subjektiven Klagehäufung ist aber die Zuständigkeit ein und desselben Gerichts für die verschiedenen Einzelansprüche. Einen Gerichtsstand der Streitgenossenschaft eröffnet das Gesetz nicht, von Sonderfällen wie § 35 a (Unterhaltsklage des Kindes gegen beide Eltern) und § 603 Abs. 2 (Klage gegen mehrere Wechselverpflichtete) einmal abgesehen. Einen Ausweg bietet die Zuständigkeitsbestimmung durch das übergeordnete Gericht, eine Verfahrenskomplikation, die den Gerichten wie den Parteien zusätzliche Mühen bereitet. Daß es sich dabei nicht um eine quantité négligeable handelt, zeigt die Zahl von jährlich über 1000 Gerichtsstandsbestimmungsverfahren allein beim BGH[7], von denen wohl die allermeisten auf den Fall der Streitgenossenschaft entfallen dürften. Hier ist erst kürzlich der Gesetzgeber tätig geworden, um zwar nicht das Problem zu beseitigen, aber doch jedenfalls den BGH zu entlasten. Man hat die Zuständigkeitsbestimmung nun auch in den Fällen, in denen die Ausgangsgerichte in verschiedenen Oberlandesgerichtsbezirken liegen, auf die Oberlandesgerichte verlagert.[8]

---

[7] Die Zahl der anhängig gewordenen Verfahren zur Gerichtsstandsbestimmung durch den BGH betrug 1996 1037; 1997 1098; s. Statistisches Bundesamt, Zivilgerichte 1997 (Arbeitsunterlage), Tabellen 10.2.2 und 10.2.3.

[8] Änderung des § 36 ZPO durch das Schiedsverfahrens-Neuregelungsgesetz (1997). Die Regelung, die mit dem Schiedsverfahrensrecht nichts zu tun hat, wurde auf Vorschlag des Bundesministeriums der Justiz in den Entwurf aufgenommen, um „den Bundesgerichtshof kurzfristig von einer Routineaufgabe zu entlasten, die ihm nicht notwendig vorzubehalten ist", so Beschlußempfehlung und Bericht des Bundestags-Rechtsausschusses, Bundestagsdrucksache 13/9124, S. 45; s. zu Anlaß und Inhalt der Neuregelung auch Kemper, Einige Bemerkungen zur gerichtlichen Bestimmung der Zuständigkeit nach § 36 ZPO in der Fassung des Schiedsverfahrens-Neuregelungsgesetzes, NJW 1998, 3551. –

III. Blick auf das Europäische Zivilprozeßrecht

Die konzentrationsfreundlichen Vorkehrungen der ZPO erweisen sich insgesamt in ihrer Wirkungskraft als begrenzt. Daß sich das deutsche Zivilprozeßrecht in Sachen Verfahrenskonzentration sehr zurückhält, wird nicht zuletzt bei einem Blick auf das Europäische Zivilprozeßrecht deutlich. Mit dieser im Grunde etwas euphorischen Bezeichnung ist nichts anderes gemeint als das Europäische Gerichtsstands- und Vollstreckungsübereinkommen und das weitgehend damit übereinstimmende Lugano-Übereinkommen. Anregungen zur Weiterentwicklung des eigenen Rechts lassen sich nicht selten durch Rechtsvergleichung gewinnen, und das Europäische Zivilprozeßrecht ist in gewisser Weise ein rechtsvergleichendes Destillat, das aus den Zivilprozeßrechten der Mitgliedsstaaten gewonnen wurde. So ist es recht eigentlich der Kern meines Vortrags, die eine oder andere konzentrationsfreundliche Regelung des Europäischen Zivilprozeßrechts zu betrachten und die Frage aufzuwerfen, ob ähnliches nicht auch in das innerdeutsche Recht übernommen werden sollte. Im einzelnen richtet sich der Blick auf den Gerichtsstand der Streitgenossenschaft, auf die Zulässigkeit der Garantieklage und auf die Regeln des europäischen Rechts über Rechtshängigkeit und Konnexität von Verfahren.

IV. Gerichtsstand der Streitgenossenschaft

Den Gerichtsstand der Streitgenossenschaft findet man in Art. 6 Nr. 1 EuGVÜ. Wenn mehrere Personen zusammen vor ein und demselben Gericht verklagt werden, so genügt es, wenn einer der Beklagten seinen Wohnsitz im Bezirk dieses Gerichtes hat. Für die anderen Beklagten, die vor dieses Gericht gezogen werden können, bedeutet dies eine Abweichung von der Grundregel des Art. 2 EuGVÜ, wonach jede Person in ihrem Wohnsitzstaat zu verklagen ist. Daher fällt auf, daß das Gesetz, jedenfalls dem Wortlaut nach, keinerlei weitere Voraussetzungen für die gemeinsame Zuständigkeit aufstellt. Auf Vorlage des BGH

Die Gesetzesformulierung ist allerdings insofern wenig durchdacht, als sie den Fall des § 36 Nr. 3 gerade nicht beachtet (vgl. aber Thomas-Putzo, ZPO, 21. Aufl., § 36 Rdnr. 6: für die Gerichtsstandsbestimmung zuständig ist hier das OLG, an das sich der Antragsteller zuerst wendet, sofern einer der Streitgenossen im Bezirk dieses OLG seinen allgemeinen Gerichtsstand hat; übereinstimmend OLG Karlsruhe NJW 1998, 3359; ähnlich Kemper NJW 1998, 3551, 3552).

hat aber der EuGH[9] aus dem Zweck der Vorschrift das Erfordernis eines Zusammenhangs zwischen den verschiedenen Klagen hergeleitet. Die Art dieses Zusammenhangs bestimmte der Gerichtshof vertragsautonom, wobei er auch auf Art. 22 Abs. 3 EuGVÜ zurückgriff. Darin wird im Rahmen der Konnexitätsregel, von der noch zu sprechen ist, ein Zusammenhang zwischen den Klagen dann angenommen, wenn zwischen ihnen eine so enge Beziehung gegeben ist, daß eine gemeinsame Verhandlung und Entscheidung geboten erscheint, um die Möglichkeit widersprechender Entscheidungen in getrennten Verfahren zu vermeiden. Übernimmt man diese Voraussetzung mit dem EuGH analog für den Gerichtsstand der Streitgenossenschaft, so ist hinreichend Vorsorge dagegen getroffen, daß von der Möglichkeit einer gemeinsamen Klage etwa nur deshalb Gebrauch gemacht wird, um einen der Beklagten der Gerichtsbarkeit seines Wohnsitzstaates zu entziehen. Ein aktueller Vorschlag zur Reform des EuGVÜ[10] will diese Voraussetzungen auch in den Text des Art. 6 Nr. 1 EuGVÜ aufnehmen, was immerhin der Klarheit dienen würde.

Der konzentrationsfreundliche Gerichtsstand der Streitgenossenschaft wurde aus den Rechtsordnungen der fünf anderen ursprünglichen Vertragsstaaten übernommen.[11] Grundlegend war für diese Rechtsordnungen die Regelung im französischen Code de procédure civile des Jahres 1806[12]. Bei der Schaffung der deutschen CPO lag die Frage einer Übernahme dieses Gerichtsstands nahe, da das französische Prozeßrecht damals auch in etlichen Gebieten Deutschlands galt und zudem in einigen anderen deutschen Staaten der Gerichtsstand der Streitgenossenschaft eingeführt war. Die Motive zur CPO[13] sprachen sich aber dagegen aus, weil in dieser Zuständigkeitsregel eine einseitige Begünstigung des Klägers liege und Kollusionen des Klägers mit einzelnen Beklagten zum Schaden der anderen Beklagten möglich seien. Besonders überzeugend ist diese Begründung nicht. Die „Einseitig-

---

[9] EuGH, Kalfelis/Schröder, Slg. 1988, 5565 = NJW 1988, 3088 (Geimer).

[10] Vorschlag zur Revision des EuGVÜ, Kommissionsdokument KOM (97), 609.

[11] Dazu ausführlich Geimer, Fora connexitatis, Der Sachzusammenhang als Grundlage der internationalen Zuständigkeit, WM 1979, 350, 351 ff.

[12] Rechtsvergleichend s. Geimer WM 1979, 352; Albicker, Der Gerichtsstand der Streitgenossenschaft (1996), S. 34 ff.; Brandes, Der gemeinsame Gerichtsstand, Die Zuständigkeit im europäischen Mehrparteienprozeß nach Art. 6 Nr. 1 EuGVÜ/LÜ (1998), S. 70 ff.

[13] Hahn, Die gesammten Materialien zur Civilprozeßordnung, Erste Abtheilung (1880), S. 159. – Näher zur geschichtlichen Entwicklung Albicker (Fn. 12), S. 54 ff.; Brandes (Fn. 12), S. 37 ff.

keit" liegt in der Natur der Sache, und daß die Vorschrift besonders zum Mißbrauch einlädt, hätte man zumindest mit praktischen Erfahrungen belegen müssen. Vielleicht hat allein schon die Herkunft aus dem französischen Recht angesichts des damaligen Zeitgeistes die Chancen der Streitgenossenschaftszuständigkeit geschmälert[14]. Man muß im Grunde abwägen zwischen dem Interesse jedes Beklagten, an dem für ihn zuständigen Forum verklagt zu werden, und dem Konzentrationsgedanken, der im allgemeinen Interesse wie im Interesse aller Parteien liegt. Wenn aber diese Abwägung auf europäischer Ebene zugunsten der Streitgenossenzuständigkeit ausfällt, dann stellt es geradezu einen Wertungswiderspruch dar, auf nationaler Ebene anders zu entscheiden. Anders ausgedrückt: wenn man einem Beklagten, der bei einer nur gegen ihn gerichteten Klage in Portugal zu verklagen wäre, zumuten kann, zusammen mit einem deutschen Streitgenossen in Berlin verklagt zu werden, dann wird man wohl auch einem Hamburger den Prozeß in Bremen zumuten dürfen. Bei näherer Betrachtung liegt im Grunde auch die ZPO auf dieser Linie. Wollte man wirklich das Interesse jedes einzelnen Beklagten an „seinen" Zuständigkeiten in den Vordergrund rücken, dann müßte konsequenterweise dem Kläger die getrennte Prozeßführung zugemutet werden. Das tut die ZPO aber gerade nicht, da nach § 36 Nr. 3 die Bestimmung eines für die gemeinsame Klage gegen die Streitgenossen zuständigen Gerichts beantragt werden kann. Zu einer grundsätzlichen Ablehnung einer Streitgenossenschaftszuständigkeit paßt dies allenfalls dann, wenn man die Zuständigkeitsbestimmung auf die Fälle der notwendigen Streitgenossenschaft wegen notwendig gemeinschaftlicher Klage beschränken wollte, also auf die Konstellationen, in denen der Kläger die Streitgenossen gemeinsam verklagen *muß*, weil die Einzelklage unzulässig wäre. Eine solche Einschränkung des § 36 Nr. 3 ist, vor allem in den Fällen, in de-

---

[14] So Geimer WM 1979, 352. – An anderer und grundlegender Stelle, nämlich bei der starken Betonung der Mündlichkeit des Verfahrens, ließ man sich zwar durchaus vom französischen Zivilprozeß inspirieren, betonte aber, das öffentliche und mündliche Verfahren sei auch Grundsatz des älteren deutschen Prozesses gewesen und erst später durch den „aus Italien herübergekommenen kanonisch-römischen Prozeß verdrängt worden". Einer generellen Übernahme des rheinisch-französischen Prozesses wurde entgegengehalten, dieses Verfahren möge sich zwar als praktisch brauchbar und zweckmäßig erwiesen haben, doch könne ein fremdes Verfahren vom Gesetzgeber nicht ohne weiteres auf den heimischen Boden verpflanzt werden. „Eine Nation, deren in bedeutenden Geschichtsepochen stärker hervortretendes Rechtsbewußtsein nicht bloß das materielle, sondern auch das Rechtsverfahren umfaßt, würde in einem fremden Verfahren sich nicht wiedererkennen" (alle Zitate aus Hahn [Fn. 13], S. 115).

nen es um ausschließliche Zuständigkeiten geht, in der neueren Literatur auch vorgeschlagen worden[15]. Der BGH[16] ist dem aber nicht gefolgt, sondern hat im Gegenteil die allgemeinen Vorteile einer einheitlichen Zuständigkeit stark betont. Nach seiner – überzeugenden – Ansicht ist diese prozeßökonomisch sinnvoll und wünschenswert, beugt mehrfacher Inanspruchnahme der Gerichte wegen desselben Sachverhalts vor, wirkt der Entstehung von Mehrkosten entgegen und vermeidet divergierende Entscheidungen. Wesentlich einfacher als durch das Zuständigkeitsbestimmungsverfahren, das die Gerichte wie die Parteien belastet, lassen sich aber dies Ziele durch einen dem EuGVÜ (und seiner Interpretation durch den EuGH) nachgebildeten Gerichtsstand der Streitgenossenschaft erreichen[17]. Daß danach der Kläger die Wahl zu treffen hat, ist kaum ein Nachteil gegenüber einer gerichtlichen Zuständigkeitsbestimmung, denn die ZPO vermag für die Frage, welches der „beteiligten" Gerichte zu bestimmen ist, auch keine inhaltlichen Kriterien aufzustellen, sondern überläßt dies dem Ermessen des zuständigkeitsbestimmenden Gerichts.

V. Gerichtsstand der Garantie- und Interventionsklage

Das nächste konzentrationsfreundliche Rechtsinstitut findet man im EuGVÜ unmittelbar nach dem Gerichtsstand der Streitgenossenschaft. Nach Art. 6 Nr. 2 EuGVÜ kann eine Partei außerhalb ihres Wohnsitzstaates vor dem Gericht des Hauptprozesses verklagt werden, wenn es sich um eine Klage auf Gewährleistung oder eine Interventionsklage handelt[18]. Die Garantie- oder Interventionsklage geht wiederum auf das französische Recht zurück; sie ist in den Rechtsordnungen aller EG-Gründungsstaaten mit Ausnahme Deutschlands enthalten. Es handelt sich um eine sehr weitreichende und auch praktisch bedeutsame Ausnahme vom Grundsatz des Wohnsitzgerichtsstandes. Mißbrauchsversuchen beugt das EuGVÜ durch den Zusatz vor, die Zuständigkeit

---

[15] Stein-Jonas-Schumann, ZPO, 21. Aufl., § 36 Rdnr. 11, 14.

[16] BGHZ 90, 155. – S. auch BGH NJW 1998, 685.

[17] Für Schaffung eines Gerichtsstands der Streitgenossenschaft im innerdeutschen Recht auch Albicker (Fn. 12), S. 181 ff.; dazu neigend auch Spellenberg, Zuständigkeit bei Anspruchskonkurrenz und kraft Sachzusammenhangs, ZZP 95 (1982), 17, 42 (dort Fn. 80). – Ablehnend dagegen Brandes (Fn. 12), S. 181 f.

[18] Dabei stellt die „Interventionsklage" den Oberbegriff dar, s. zum Verständnis der Begriffe Kropholler, Europäisches Zivilprozeßrecht, 6. Aufl. (1998) Art. 6 Rdnr. 23 mit Hinweisen auf das belgische Recht.

gelte nicht, wenn die Klage im Hauptprozeß[19] nur erhoben wurde, um den Dritten dem für ihn zuständigen Gericht zu entziehen.

Der deutschen ZPO ist die Garantie- oder Interventionsklage unbekannt. Ob dies allein schon bei den deutschen Unterhändlern, die am Zustandekommen des EuGVÜ mitwirkten, für Abneigung sorgte, ist nicht klar auszumachen. Vielleicht witterten sie auch irgendwelche dunklen Gefahren, die mit dem Gerichtsstand der Garantieklage verbunden sein könnten. Jedenfalls wurde von deutscher Seite auf eine Sonderbestimmung in Art. V Abs. 1 des Protokolls zum EuGVÜ (vom 27. September 1968 mit späteren Änderungen) gedrungen, wonach der Gerichtsstand des Art. 6 Nr. 2 EuGVÜ vor deutschen Gerichten nicht in Anspruch genommen werden kann. Ob man damit einen großen Sieg zur Aufrechterhaltung der deutschen Prozeßrechtskultur errungen hat, erscheint indes mehr als zweifelhaft. Man sorgte zwar zugleich für die Klarstellung, daß im deutschen Prozeß der ausländische Dritte in Form der Streitverkündung vor Gericht geladen werden kann und die Wirkungen der Streitverkündung dann auch in den anderen Vertragsstaaten anzuerkennen sind (Art. V Abs. 1 S. 2 und Abs. 2 S. 2 des Protokolls zum EuGVÜ), doch ist nicht zu übersehen, daß die Wirkungen einer Streitverkündung hinter einer Einbeziehung des Dritten in Form der Garantieklage weit zurückbleiben. Die Streitverkündung führt zwar zu einer Bindung des Streitverkündungsempfängers an die im Urteil des Erstprozesses enthaltenen Feststellungen, doch kann über seine eigene Haftung und deren besondere Voraussetzungen im Erstprozeß nicht entschieden werden. Vor allen Dingen aber erlaubt es die Streitverkündung nicht, eine Verurteilung des Dritten herbeizuführen. Auch wenn also die streitverkündende Partei obsiegt, hat sie noch längst keinen Vollstreckungstitel gegen den Dritten, und in vielen Fällen wird ihr somit ein weiterer Prozeß im Ausland nicht erspart. So muß also ein deutscher Hersteller, der nach Frankreich geliefert hat, heute hinnehmen, daß er in Frankreich im Wege der Garantieklage in einen zwischen dem dortigen Endabnehmer und dem französischen Händler anhängigen Prozeß einbezogen und gegebenenfalls zum Schadensersatz gegenüber dem Händler verurteilt wird, und dieses Urteil ist dann auch in Deutschland anzuerkennen und zu vollstrecken. Spielt sich aber dasselbe spiegelbildlich in Deutschland ab, so ist dem deutschen Händler der Rückgriff auf den französischen Hersteller vor dem deutschen Gericht versagt; er wird auf den zumindest zeitraubenden Weg einer weiteren Klage in Frankreich verwiesen.

---

[19] Zur Auslegung in diesem Sinne Kropholler (Fn. 18) Art. 6 Rdnr. 29.

Zur Verteidigung des deutschen Vorbehalts könnte man allenfalls anführen, wenn man die Garantieklage im internationalen Bereich zulasse, so entstehe ein Wertungswiderspruch zur Behandlung der rein nationalen Fälle. Der deutschen Lösung auf diese Weise den Vorrang zu geben, läßt sich aber nur rechtfertigen, wenn sich zu ihren Gunsten Sachgesichtspunkte finden lassen, die über die bloße Abwehr eines bisher nicht vertrauten und deswegen als „systemfremd" abgewerteten Instituts hinausgehen. Auch hier wurde schon bei Schaffung der CPO über die Übernahme des französischen Vorbilds diskutiert. Die Garantieklage war in Deutschland nicht nur in den Gebieten, in denen französisches Prozeßrecht galt, längst bekannt geworden, sondern hatte in modifizierter Form auch noch den Einzug in die Bayerische Prozeßordnung in bürgerlichen Rechtsstreitigkeiten von 1869[20] sowie in den Preußischen und den Norddeutschen Entwurf einer Civilprozeßordnung[21] geschafft. Dagegen war die Garantieklage bei den Beratungen des Hannoverschen Entwurfs abgelehnt worden[22], und dieselbe Linie verfolgte auch der Entwurf zu einer Reichscivilprozeßordnung[23]. Beidemale wurden zwar von manchen die großen praktischen Vorteile der Garantieklage unterstrichen, aber am Ende überwogen dann doch die Bedenken, ein derart fremdes und noch dazu aus dem französischen Recht stammendes Institut zu übernehmen, wenn es nun, wie bei den Beratungen zum Hannoverschen Entwurf formuliert wurde[24], gerade darum gehe, ein *nationales* deutsches Recht zu schaffen. Auch der Vorstoß des Abgeordneten Reichensperger in der Reichstagskommission[25], die Garantieklage ob ihrer Bewährung im rheinischen Recht doch noch einzuführen, blieb erfolglos, wobei nicht zuletzt darauf verwiesen wurde, der Garantiebeklagte werde auf diese Weise seinem ordentlichen Richter entzogen. Sicher liegt darin die entscheidende Wertungsfrage, aber gerade diesem Argument entzieht im Grunde die ZPO selbst den Boden. Denn die Streitverkündung, die man als hinreichendes Konzentrationsinstrument betrachtete, nimmt schließlich auf den Gerichtsstand des Streitverkündungsempfängers auch keine Rücksicht[26]. Ihr

---

[20] Geimer WM 1979, 350, 360.
[21] Schäfer, Nebenintervention und Streitverkündung, Von den römischen Quellen bis zum modernen Zivilprozeßrecht (1990), S. 109, 112.
[22] Schäfer (Fn. 21), S. 104 ff.
[23] S. Motive zur CPO, Hahn (Fn. 13), S. 183 f.
[24] S. Schäfer (Fn. 21), S. 105.
[25] S. Protokolle der Kommission des Reichstags, Hahn (Fn. 13), S. 545 f.
[26] Ähnlich bereits Schober, Drittbeteiligung im Zivilprozeß: Votum für die Einführung der Garantieklage in das zivilprozessuale Erkenntnisverfahren, Diss. Bayreuth (1990), S. 214.

Ziel ist es, den Dritten auf die Möglichkeit hinzuweisen, sich am anhängigen Prozeß als Nebenintervenient zu beteiligen und seinen eigenen Standpunkt zu den Rechts- und Tatsachenfragen zur Geltung zu bringen. Nur dieses Recht zur Beteiligung rechtfertigt es, den Streitverkündungsempfänger an die Wirkungen des Erstprozesses zu binden. Daß sich der Dritte, will er sein Recht auf Gehör wahrnehmen, am Erstprozeß auch fern seiner Heimat beteiligen muß, spielt dabei schon nach der ZPO keine Rolle.

Vermögen also die Gründe für die Ablehnung der Garantieklage im deutschen Zivilprozeß nicht zu überzeugen, so drängt sich angesichts des europäischen Rechts heute zusätzlich die Frage auf, ob nicht dann, wenn einem Beklagten zugemutet wird, statt vor den Gerichten seines Heimatstaates in einem anderen europäischen Staat verklagt zu werden, erst recht innerhalb Deutschlands von einer Partei verlangt werden kann, als Garantiebeklagte einen Prozeß vor einem anderen als ihrem Heimatgericht zu führen. Mit anderen Worten: wenn auf europäischer Ebene das Konzentrationsinteresse den Vorrang vor dem Gerichtsstandsinteresse des Garantie-Drittbeklagten erhält, dann sollte dies auf nationaler Ebene erst recht gelten. Im Ergebnis spricht somit alles dafür, im Rahmen des europäischen Rechts den Vorbehalt gegenüber der Garantieklage aufzugeben (und zwar gerade im deutschen Interesse), zugleich aber die Garantieklage im Interesse der Verfahrenskonzentration auch in das innerstaatliche Zivilprozeßrecht zu übernehmen[27].

VI. Die Rechtshängigkeit im Europäischen Zivilprozeßrecht

Erkennt man bei den EuGVÜ-Zuständigkeiten der Streitgenossenschaft und der Garantieklage den grundlegenden Unterschied zur deutschen ZPO geradezu auf den ersten Blick, so scheint sich die in Art. 21 EuGVÜ enthaltene Bestimmung über die internationale Rechtshängigkeit zunächst in voller Übereinstimmung mit dem im deutschen Zivilprozeß Gewohnten zu befinden. Mit der Rechtshängigkeitssperre verhindert die ZPO, daß ein und derselbe Streit gleichzeitig

---

[27] Dafür mit ausführlicher Begründung Schober (Fn. 26), S. 197 ff.; positiv eingestellt auch Spellenberg, Drittbeteiligung im Zivilprozeß in rechtsvergleichender Sicht, ZZP 106 (1993), 283, 337. S. auch (zur internationalen Zuständigkeit, aber mit allgemeinen Erwägungen zum Interesse der Rechtspflege an einer umfassenden und einheitlichen Festellung und Würdigung des Sachverhalts) J. Schröder, Internationale Zuständigkeit (1971), S. 581 f. (auch zitiert von Geimer WM 1979, 350, 360).

in verschiedenen Prozessen ausgetragen wird. Natürlich sprechen gegen eine Verfahrensvervielfältigung sowohl die Interessen des etwa zweifach mit dem Prozeß überzogenen Gegners als auch die Interessen der Allgemeinheit an einem sinnvollen Einsatz der Rechtspflegeressourcen und an einer Vermeidung möglicherweise widersprüchlicher Entscheidungen. Dieselben Gründe gelten auch im internationalen Bereich, und daher wird nach deutschem autonomem Recht die zeitlich frühere Rechtshängigkeit desselben Streits vor einem ausländischen Gericht seit längerem dann beachtet, wenn das im ausländischen Prozeß zu erwartende Urteil auch in Deutschland anzuerkennen wäre. Internationales Gemeingut war die grenzüberschreitende Anerkennung der Rechtshängigkeit bis zum EuGVÜ jedoch nicht. So stand z. B. im italienischen Codice di procedura civile[28] früher ausdrücklich, eine ausländische Rechtshängigkeit sei für das Inland ohne Bedeutung. Wenn also Art. 21 EuGVÜ die wechselseitige Beachtung der internationalen Rechtshängigkeit für alle Mitgliedsstaaten vorschrieb, so stellte dies europaweit einen sehr zu begrüßenden Fortschritt dar.

Obgleich Art. 21 EuGVÜ aus deutscher Sicht zunächst keineswegs als sensationelle Neuerung erscheint, hat gerade diese Rechtshängigkeitsbestimmung in Deutschland, jedenfalls bei den Zivilprozessualisten, in neuerer Zeit für Überraschung gesorgt. Verantwortlich dafür ist die Auslegung, die der Europäische Gerichtshof der europäischen Rechtshängigkeit gegeben hat. Genauer (der EuGH hat sich auch noch zu anderen wichtigen Aspekten der Rechtshängigkeit geäußert) geht es um die Frage, unter welchen Voraussetzungen zwei Klagen *denselben Anspruch* im Sinne des Art. 21 Abs. 1 EuGVÜ betreffen. Aus deutscher Sicht setzt die Rechtshängigkeit voraus, daß der erste und der zweite Prozeß denselben Streitgegenstand aufweisen. Nun gehört bekanntlich die Streitgegenstandslehre zu den beliebtesten, aber auch nach wie vor umstrittensten Gegenständen der Prozeßrechtsdogmatik. Doch hat sich immerhin zwischen den Hauptspielarten der Streitgegenstandstheorien, sprachlich unschön als eingliedrige und zweigliedrige Theorie bezeichnet, insofern Übereinstimmung herausgebildet, als jedenfalls der Klageantrag die Grenzen des Streitgegenstands bestimmt – erst bei der Frage, ob darüberhinaus auch der vorgetragene Sachverhalt den Streitgegenstand umgrenzt, gehen die Meinungen auseinander. Gerade dem Satz von der Maßgeblichkeit des *Antrags* aber versetzte der

---

[28] Art. 3 aF, aufgehoben 1995. S. jetzt Art. 7 des Gesetzes über die Reform des italienischen Systems des internationalen Privatrechts vom 31. 5. 1995, Nr. 218.

EuGH einen kräftigen Stoß. Im Gubisch-Palumbo-Fall[29] ging es um
das Verhältnis zwischen einer zuerst in Flensburg erhobenen Klage der
deutschen Verkäuferin auf Zahlung des Kaufpreises und einer zweiten
Klage des italienischen Käufers in Rom auf Feststellung der Unwirksamkeit des Kaufvertrages oder auf dessen Auflösung. Nach deutscher
Auffassung kommt hier die Rechtshängigkeitsregel nicht in Betracht,
da sich die in beiden Verfahren gestellten Anträge durchaus unterscheiden. Es genügt danach nicht, daß die Verfahrensgegenstände in einer
Vorfrage – Wirksamkeit des Kaufvertrages – übereinstimmen. Der
EuGH aber sah die Dinge anders. Er nahm vor allem auf die in den
nicht deutschen Fassungen enthaltenen Voraussetzungen Bezug, wonach es auf die Übereinstimmung von Gegenstand und Grundlage (ob-
jet und cause) des Anspruchs ankommt, und erklärte, eine formale
Identität der Klagen (also eine Übereinstimmung der Anträge) sei nicht
erforderlich, um die Rechtshängigkeitsbestimmung eingreifen zu lassen. Vielmehr gehe es darum, die bei Zulassung zweier Prozesse in verschiedenen Vertragsstaaten entstehende Gefahr widersprechender Urteile zu vermeiden, weil dadurch nach Art. 27 Nr. 3 EuGVÜ ein Aner-
kennungshindernis im jeweils anderen Vertragsstaat produziert werde.
Daher müsse die Rechtshängigkeit schon dann eingreifen, wenn die
beiden Prozesse im Kernpunkt des Streits, hier dem Streit über die
Wirksamkeit des Kaufvertrages, übereinstimmten.

Daß das Gubisch-Palumbo-Urteil, nicht nur (wie man zunächst
noch glauben konnte[30]) auf die besonderen Umstände des konkreten
Falles zurückging, sondern einer grundsätzlich vom deutschen Standpunkt abweichenden Rechtshängigkeitskonzeption des EuGH ent-
sprang, machte die nächste Entscheidung des EuGH zu diesem Thema
deutlich. Es ging nun um eine zuerst erhobene negative Feststellungsklage und die nachfolgende gegengerichtete Leistungsklage. Auch hier
greift, wie der EuGH[31] auf Vorlage des englischen Court of Appeal

---

[29] EuGH, Gubisch /Palumbo, Slg. 1987, 4861 = NJW 1989, 665.

[30] Auch meine eigenen Überlegungen gingen zunächst dahin, mit Hilfe des
Rechtsschutzbedürfnisses die Gubisch-Palumbo-Entscheidung mit der herkömmlichen deutschen Betrachtungsweise zu versöhnen; mit der aus der Sicht
des deutschen Rechts neuartigen Grundkonzeption des EuGH konnte ich mich
zunächst noch nicht anfreunden. S. Leipold, Internationale Rechtshängigkeit,
Streitgegenstand und Rechtsschutzinteresse – Europäisches und Deutsches Zivilprozeßrecht im Vergleich, in Leipold/Lüke/Yoshino (Hrsg.), Gedächtnis-
schrift für Peter Arens (1993), S. 227, 244 ff.

[31] EuGH, Tatry/Maciej Rataj, Slg. 1994 I 5439 = JZ 1995, 616, 618 (dazu Hu-
ber JZ 1995, 603) = EWS 1995, 90 (dazu Lenenbach EWS 1995, 361).

entschied, die Rechtshängigkeitssperre ein. Der BGH[32] ist dem EuGH für den Bereich des europäischen Zivilprozeßrechts gefolgt, und sieht das entscheidende Kriterium in der Übereinstimmung der Streitigkeiten in ihrem Kernpunkt – man kann heute schlagwortig geradezu von einer Kernpunkttheorie des EuGH[33] sprechen.

Mit dieser Auffassung von der Rechtshängigkeit sorgt der EuGH für eine Konzentration der Streitigkeiten. Wenn eine der Parteien des Erstprozesses während dessen Rechtshängigkeit eine Klage, die denselben Anspruch betrifft, erheben will, so kann dies nicht bei einem anderen Gericht, sondern nur noch beim Gericht des Erstprozesses geschehen, sei es durch eine nachträgliche Klagehäufung oder, und dies vor allem, durch eine Widerklage. An dieser Stelle wird deutlich, daß sich Art. 21 EuGVÜ auch in der Wirkung von der nationalen Rechtshängigkeitsregel unterscheidet. Die Vorschrift des europäischen Rechts enthält eine Zuständigkeitsregel[34]; diejenige des deutschen Rechts etabliert dagegen eine eigenständige negative Prozeßvoraussetzung – eine erneute Klage mit demselben Streitgegenstand ist unzulässig. Aus den Urteilen des EuGH ist keineswegs zu entnehmen, daß den Parteien die Geltendmachung anderer Klagen während des ersten Prozesses verwehrt wäre. Sie müssen es nur eben bei dem mit der Sache im Sinne des Streitkomplexes bereits befaßten Gericht tun. Nach der deutschen Rechtshängigkeitsvorstellung, die eine Identität der Streitgegenstände voraussetzt, ist dagegen, wenn die Rechtshängigkeit überhaupt eingreift, eine Geltendmachung des zweiten Klageantrags auch im ersten Prozeß nicht zulässig, und zwar aus dem simplen Grund, daß dort dieselbe Klage bereits anhängig ist. Einer Leistungsklage kann z. B. die negative Feststellungsklage, gerichtet auf Feststellung des Nichtbestehens des Anspruchs, nicht mit der Widerklage entgegengesetzt werden; denn die Widerklage muß einen anderen Streitgegenstand haben als die Klage; sie muß sich vom bloßen Antrag auf Abweisung der Klage unterscheiden. Umgekehrt gilt das aber nicht: im Prozeß über die negative Feststellungsklage kann die Leistungswiderklage erhoben werden (möglicherweise mit Rückwirkungen auf die Zulässigkeit der negativen

---

[32] BGH NJW 1995, 1758, 1759; BGH NJW 1997, 870, 872 = LM § 256 ZPO Nr. 195 (mit Anmerkung Grunsky).

[33] So z. B. Geimer-Schütze, Europäisches Zivilverfahrensrecht (1997), Art. 21 Rdnr. 28; Walker ZZP 111 (1998), S. 429, 434, 437.

[34] Dies betont Zeuner, Das Verhältnis zwischen internationaler Rechtshängigkeit nach Art. 21 EuGVÜ und Rechtshängigkeit nach den Regeln der ZPO, in Prütting/Rüßmann (Hrsg.), Verfahrensrecht am Ausgang des 20. Jahrhunderts, Festschrift für Gerhard Lüke (1997), S. 1003, 1005, 1016.

Feststellungsklage als der zuerst erhobenen Klage unter dem Gesichtspunkt des Feststellungsinteresse, Rückwirkungen also, die gerade nicht aus der Rechtshängigkeit hervorgehen). Es gibt keinen Grund zu der Annahme, daß der EuGH dies anders sieht[35]. Eine Verwehrung der Leistungswiderklage käme ja auch geradezu einer Rechtsschutzverweigerung für den Anspruchsgläubiger gleich; denn im Prozeß über die negative Feststellungsklage kann er bestenfalls die Klageabweisung, aber keinen Leistungstitel erlangen.

Insgesamt darf man daher die Rechtsprechung des EuGH nicht so verstehen, als habe der EuGH einen gegenüber den deutschen Vorstellungen andersartigen Streitgegenstandsbegriff etabliert, der im Rahmen der europäischen Rechtshängigkeit genau dieselbe Rolle übernehmen könnte wie die deutschen Streitgegenstandslehren auf nationaler Ebene. Eher muß man sagen, daß der EuGH die Rechtshängigkeit vom Streitgegenstandsbegriff abgekoppelt hat, wie denn auch in seinen Urteilen vom Streitgegenstand nicht die Rede ist.

Im Rahmen meines Vortrags geht es nun natürlich um die Frage, ob man das Rechtshängigkeitsverständnis des EuGH nicht auch in das nationale Recht übernehmen sollte, um auf diese Weise auch hier eine heilsame Konzentrationslast in dem Sinne zu etablieren, daß während der Rechtshängigkeit eines Prozesses weitere Klagen, die im Kern denselben Streit betreffen, nur beim Erstgericht erhoben werden können. Das einzige Argument, das man dagegen vorbringen kann, besteht darin, daß auf diese Weise die jeweils als erste klagende Partei die Zuständigkeit fixieren oder, anders ausgedrückt, dem Gegner die eigentlich für seine Klage verfügbaren Zuständigkeiten wegnehmen kann. Dadurch kann eine aus der Rechtshängigkeit hervorgehende Konzentrationslast in Kollision mit der Zuständigkeitsordnung geraten. Ein Problem ist dies freilich nur, wenn besondere, vom Wohnsitz des Beklagten abweichende Zuständigkeiten in Betracht kommen. Denn wenn jeweils nur der allgemeine Gerichtsstand zur Verfügung steht, so muß der Kläger des Erstprozesses den Prozeß ohnehin beim Heimatgericht des Beklagten führen, und diesem kann dann ohne weiteres zugemutet werden, dort auch eine Widerklage zu erheben, für die er, bei isolierter Geltendmachung, umgekehrt das Heimatgericht der anderen Partei aufzusuchen hätte. Wenn aber besondere Zuständigkeiten vorliegen, so werden sie auf die Besonderheiten des Streits zugeschnitten sein, und sie müßten dann eigentlich auch dem jeweils Erstbeklagten für seine im Kern denselben Streit betreffende Widerklage zugemutet werden kön-

---

[35] Ebenso BGH NJW 1997, 870, 872 (Fn. 32).

nen. Soweit sich dabei Bedenken ergeben, besteht eher Anlaß die Zuständigkeitsregeln auf den Prüfstand zu stellen, als auf die Konzentrationslast zu verzichten.

Die Problematik läßt sich recht gut an Hand einer bis vor wenigen Jahren häufig vorkommenden Prozeßkonstellation auf dem Gebiet des Wettbewerbsrechts veranschaulichen. Ein Gewerbetreibender wird von einem Verband zum Schutz des Wettbewerbs wegen eines angeblichen Verstoßes gegen das UWG abgemahnt, eines Verstoßes der in einer Annonce in einer überregionalen Zeitung liegen soll. Der Abgemahnte erhebt negative Feststellungsklage und sucht sich dazu das Gericht seines Sitzes mit der Begründung aus, hier sei für den gegen ihn gerichteten Unterlassungsanspruch der Gerichtsstand des Deliktsortes gegeben und dieselbe Zuständigkeit (so die h.M.[36]) gelte auch für die negative Feststellungsklage. Der Verband zieht mit der Unterlassungsklage nach und erhebt diese an seinem eigenen Sitz, weil dort die wettbewerbswidrige Handlung eben auch vorgenommen wurde. Nach Ansicht des BGH[37] kann man von dem Verband nicht verlangen, die Leistungsklage bei dem Gericht zu erheben, bei dem die negative Feststellungsklage bereits anhängig ist. Die Rechtshängigkeit stehe wegen des verschiedenen Streitgegenstands nicht entgegen, und die Erhebung der Leistungsklage bei einem anderen Gericht sei auch keineswegs rechtsmißbräuchlich. Im Gegenteil mache der Verband nur von dem ihm zustehenden Zuständigkeitswahlrecht Gebrauch, und es könne nicht akzeptiert werden, daß der Abgemahnte ihm dieses Recht beschneide.

Der Deliktsgerichtsstand müßte aber doch eigentlich für beide Beteiligte zumutbar sein. Trifft dies, wovon der BGH ausgeht, nicht zu, ist zu fragen, ob die Lehre vom sog. fliegenden, also bei solchen Anzeigen in überregionalen Zeitungen im Grunde überall bestehenden Gerichtsstand wirklich aufrechterhalten werden kann. Genauso ist dann auch, jedenfalls soweit es um Verbandsklagen geht, die Gesetzesentwicklung verlaufen. Durch die Novellierung des UWG im Jahre 1994 (Anfügung des § 24 Abs. 2 S. 1) wurde den Wettbewerbsverbänden der fliegende Gerichtsstand gerade entzogen. Sie müssen den Unterlas-

---

[36] Baumbach-Hefermehl, Wettbewerbsrecht, 20. Aufl. (1998), § 24 UWG Rdnr. 7. – A. M. Lindacher, Der „Gegenschlag" des Abgemahnten, in Erdmann/Mees/Piper/Teplitzky/Hefermehl/Ulmer (Hrsg.), Festschrift für Otto-Friedrich Frhr. v. Gamm (1991), S. 83, 89 ff., der die negative Feststellungsklage des Abgemahnten nur beim Heimatgericht des Abmahners für zulässig erklärt. Klagt später der Abmahner den Unterlassungsanspruch bei einem anderen Gericht ein, soll dieser Prozeß bis zur Entscheidung des Erstverfahrens ausgesetzt werden.
[37] BGH WRP 1994, 810 = NJW 1994, 3107.

sungsanspruch am Ort des Gewerbetreibenden verfolgen. Dasselbe Gericht ist dann auch für die negative Feststellungsklage des Gewerbetreibenden gegen den abmahnenden Verband zuständig[38]. Ein Zuständigkeitswettlauf ist damit ausgeschlossen, und zwar, anders als nach der Wertung des BGH, durch Bevorzugung der Zuständigkeitsinteressen des abgemahnten Unternehmens. Damit ist jedenfalls auf diesem Gebiet aus zuständigkeitsrechtlichen Gründen nichts mehr gegen eine Konzentrationslast einzuwenden.

Das Problem des Verhältnisses zwischen negativer Feststellungsklage und nachfolgender Leistungsklage bleibt aber insgesamt natürlich bestehen, übrigens auch im Wettbewerbsrecht, soweit es um einen Streit zwischen einem unmittelbar durch die beanstandete Werbung betroffenen Mitbewerber und dem Abgemahnten geht, denn auf diesen Fall ist die erwähnte Aufhebung des fliegenden Deliktsgerichtsstands nicht zugeschnitten[39]. Schon bisher wurde von manchen Stimmen in der Literatur[40], im Wettbewerbsprozeß auch von dem einen oder anderen Oberlandesgericht[41], im Gegensatz zum BGH die Ansicht vertreten, die zuerst erhobene negative Feststellungsklage hindere eine Leistungsklage bei einem anderen Gericht. Diese Auffassung sollte sich, mit dem Rückenwind aus Luxemburg, nun doch wohl durchsetzen[42]. Sie führt zu wesentlich stimmigeren Ergebnissen als die Meinung des BGH, wonach die Leistungsklage bei einem anderen Gericht zulässig bleibt und, sobald sie nicht mehr einseitig rücknehmbar ist, der negativen Feststellungsklage die Zulässigkeit entzieht. Sie ist auch der – immerhin zweitbesten – Lösung vorzuziehen, wonach die negative Feststellungsklage in einem solchen Fall zulässig bleibt und die später erhobe-

---

[38] Vgl. OLG Hamburg WRP 1995, 851, 852.

[39] OLG Hamburg WRP 1995, 851, 853; Baumbach-Hefermehl (Fn. 36), § 24 UWG Rdnr. 1 b.

[40] Baltzer, Die negative Feststellungsklage aus § 256 I ZPO (1980), S. 149 ff., 152; MünchKommZPO-Lüke § 256 Rdnr. 62; § 261 Rdnr. 66.

[41] OLG Stuttgart EWiR § 256 ZPO 2/94, 407 (Ulrich). Von einer entsprechenden Entscheidung des LG München I berichtet Schotthöfer WRP 1986, 14, 16 (selbst aber entschieden ablehnend).

[42] Für Übernahme der Lösung des EuGH, soweit es um das Verhältnis von negativer Feststellungsklage und nachfolgender Leistungsklage geht, bereits Zeuner (Fn. 34), S. 1016 (jedoch nicht allgemein, s. S. 1017 f.); Grunsky Anmerkung zu BGH LM § 256 Nr. 195; Heß/G. Vollkommer WuB VII B. Art. 21 EuGVÜ 1.97; für das Verhältnis von Leistungsklage und Feststellungsklage (nicht dagegen allgemein) auch Rüßmann, Die Streitgegenstandslehre und die Rechtsprechung des EuGH – nationales Recht unter gemeineuropäischem Einfluß? ZZP 111 (1998), 399, 414.

ne Leistungsklage auszusetzen ist, bis über die negative Feststellungsklage rechtskräftig entschieden wurde[43].

Während man sich also für das Verhältnis negative Feststellungsklage zur nachfolgenden Leistungsklage durch den EuGH nur dazu animieren zu lassen braucht, einer bereits bisher für das deutsche Zivilprozeßrecht vertretenen Meinung zu folgen, betritt man mit einer Übernahme der Kernpunkttheorie in den Fällen, in denen es im Grunde um eine gemeinsame Vorfrage geht, durchaus Neuland. Da aber die Vermeidung der Gefahr widersprüchlicher Urteile und der ökonomische Umgang mit den Rechtspflegeressourcen auf nationaler Ebene nicht geringer wiegen als auf europäischer, möchte ich mich im Grundsatz auch insoweit für eine Übernahme der Kernpunkt-Theorie aussprechen[44]. Wenn beispielsweise auf europäischer Ebene die Rechtshängigkeit einer Klage auf Feststellung der Unwirksamkeit eines Vertrages einer weiteren, in einem anderen Vertragsstaat erhobenen Klage desselben Klägers gegen denselben Beklagten auf Rückgewähr einer aufgrund des Vertrages erbrachten Leistung entgegensteht – so der BGH[45] unter Berufung auf die Kernpunkttheorie des EuGH –, dann ist schwer einzusehen, warum bei derselben Konstellation vor zwei verschiedenen deutschen Gerichten nicht ebenfalls die Rechtshängigkeit eingreifen und den Kläger zur Konzentration des Streits beim Erstgericht zwingen sollte. Freilich müßte bei einer Übernahme des im Sinne der EuGH-Rechtsprechung erweiterten Rechtshängigkeitsverständnisses das Zweitgericht auch prüfen, ob das Erstgericht für den mit der zweiten Klage erhobenen Anspruch zuständig ist. Darüberhinaus erscheint es zweckgerecht, die zweite Klage nicht einfach abzuweisen, sondern in analoger Anwendung des § 281 ZPO an das Erstgericht zu verweisen[46]. Eine Überschreitung der richterlichen Auslegungs- und Rechtsfortbildungsbefugnisse würde in der Implantation der Kernpunkttheorie in das nationale Recht schwerlich liegen, da von klaren Vorgaben der ZPO zu den Voraussetzungen der Rechtshängigkeit nicht die Rede

---

[43] Stein-Jonas-Schumann ZPO, 21. Aufl., § 256 Rdnr. 126; Herrmann JR 1988, 376, 377 f. Dafür auch Walker, Die Streitgegenstandslehre und die Rechtsprechung des EuGH – nationales Recht unter gemeineuropäischem Einfluß, ZZP 111 (1998), 429, 440 f., 454, der eine Übernahme der „Kernpunkttheorie" des EuGH generell ablehnt.

[44] Ablehnend aber Zeuner (Fn. 34), S. 1017 f.; Rüßmann ZZP 111 (1998), 399, 414 ff.; Walker ZZP 111 (1998), 429, 434 ff., 454.

[45] BGH NJW 1995, 1758.

[46] So für eine nach negativer Feststellungsklage erhobene Leistungsklage bereits Zeuner (Fn. 34), S. 1016.

sein kann. Daß die Kernpunkttheorie noch in mancherlei Hinsicht der Konkretisierung bedarf, ist freilich nicht zu bestreiten.

VII. Die Konnexitätsregel des Europäischen Zivilprozeßrechts

Anders als der europäischen Rechtshängigkeitsbestimmung sieht man es der in Art. 22 EuGVÜ enthaltenen Konnexitätsregel auf den ersten Blick an, daß sie über das im internen deutschen Recht Gewohnte hinausgeht. Auch die Konnexitätsregel wurzelt in den Rechtsordnungen der übrigen ursprünglichen Vertragsstaaten, vor allem im französischen und belgischen Recht[47]. Ihr Ziel ist es, die Gefahr widersprechender Urteile in mehreren, vor den Gerichten verschiedener Vertragsstaaten anhängigen Verfahren zu vermeiden. Im Gegensatz zur Rechtshängigkeitsbestimmung verlangt Art. 22 EuGVÜ nicht, daß die verschiedenen Prozesse denselben Anspruch betreffen; auch eine Identität der Parteien ist hier nicht erforderlich. Vielmehr genügt, daß die Klagen in Zusammenhang stehen. Ein Zusammenhang ist nach der in Art. 22 Abs. 3 EuGVÜ enthaltenen Begriffsbestimmung dann anzunehmen, wenn zwischen den Klagen eine so enge Beziehung gegeben ist, daß eine gemeinsame Verhandlung und Entscheidung geboten erscheint, um zu vermeiden, daß in getrennten Verfahren widersprechende Entscheidungen ergehen könnten. Statt die Rechtshängigkeitsvoraussetzungen weit auszulegen, hätte der EuGH, und darauf ist vielfach kritisch hingewiesen worden, bei Übereinstimmung zweier Klagen im Kernpunkt durchaus auf diese Konnexitätsregel zurückgreifen können. Daß er dies nicht getan hat, hängt wohl mit den weniger gelungen Rechtsfolgen der Konnexitätsregel zusammen. Nach Art. 22 Abs. 1 EuGVÜ kann das später angerufene Gericht sein Verfahren aussetzen. Die Aussetzung steht also im Ermessen des zweiten Gerichts; sie ist außerdem nur möglich, solange beide Klagen in erster Instanz anhängig sind. Zu einer Verfahrenskonzentration führt Art. 22 Abs. 1 EuGVÜ nicht. Auch das Ziel, widersprüchliche Entscheidungen auszuschließen, erreicht die Vorschrift nur bedingt. Denn soweit die materielle Rechtskraft nicht eingreift, bleibt dem zweitangerufenen Gericht auch nach der Aussetzung die Freiheit, vom Urteil des Erstgerichts abweichend zu entscheiden. Anzunehmen, daß in demselben Umfang, in dem Art. 22 Abs. 1 EuGVÜ die Aussetzung gestattet, um des Zwecks

---

[47] Kropholler (Fn. 18) Art. 22 Rdnr. 1.

der Vorschrift willen auch eine Rechtskraftwirkung kraft europäischen Rechts zu bejahen wäre, würde wohl doch eine allzu kühne Interpretation darstellen.

Interessanter ist Art. 22 Abs. 2 EuGVÜ. Danach kann sich das als zweites angerufene Gericht unter bestimmten Voraussetzungen auf Antrag einer Partei für unzuständig erklären und damit einen mittelbaren Zwang ausüben, die in Zusammenhang stehenden Verfahren, wenn sie schon gleichzeitig anhängig gemacht werden, bei ein und demselben Gericht zu konzentrieren. Größere Bedeutung hat diese Regelung, soweit erkennbar, auf europäischer Ebene jedoch bislang nicht gewonnen. Das mag zum einen schon daran liegen, daß es sich auch hier um eine bloße Ermessensregelung handelt. Zum anderen setzt die Vorschrift voraus, daß das zuerst angerufene Gericht für beide Verfahren zuständig ist, und daß das Recht des zweiten Gerichts die Verbindung in Zusammenhang stehender Verfahren zuläßt. Wegen der zuletzt genannten Voraussetzung kann Art. 22 Abs. 2 EuGVÜ durch deutsche Gerichte nicht angewandt werden; denn die ZPO gestattet keine Verbindung von Verfahren, die bei verschiedenen Gericht anhängig sind. Zum dritten stellt es, gerade im Vergleich mit dem französischen Recht, auch einen erheblichen Nachteil dar, daß das zweite Gericht nach nahezu allgemeiner (wenn auch nicht völlig unbezweifelbarer) Ansicht, die vor ihm anhängige Klage nur abweisen, nicht etwa grenzüberschreitend an das Gericht der ersten Klage verweisen kann.

Für das deutsche Recht ergibt sich die doppelte Frage, ob eine Aktivierung der Vorschrift auf internationaler Ebene durch Schaffung einer Verbindungsnorm in der ZPO zu empfehlen wäre, und ob darüberhinaus auch für den innerdeutschen Bereich die Einführung einer vergleichbaren Konnexitätsregel Vorteile erwarten ließe. Obgleich in einer gehaltvollen, von mir betreuten Dissertation[48] beide Fragen bejaht wurden, möchte ich mich zur Zeit eher zurückhaltend äußern. Dabei spielt eine erhebliche Rolle, daß die Auslegung der Rechtshängigkeit durch den EuGH, deren Übernahme ich für empfehlenswert halte, das Bedürfnis nach einer Konnexitätsregel stark abmildert. Vor allem aber würde die einem Gericht eingeräumte Möglichkeit, sich nach seinem Ermessen für unzuständig zu erklären, zu einem sehr erheblichen Eingriff in das geltende Zuständigkeitssystem (des EuGVÜ wie der ZPO) führen. Anders als bei Klagen aus demselben Anspruch (wenn auch in weiter Auslegung) ist bei lediglich zusammenhängenden Klagen nur

---

[48] Lüpfert, Konnexität im EuGVÜ, Rechtsvergleichende Studie mit einem Vorschlag zur Weiterentwicklung des deutschen Rechts (1997).

schwer zu legitimieren, daß durch die Erhebung der ersten Klage die Wahl der an sich gegebenen Zuständigkeit für die zweite Klage beschnitten wird[49]. Besonders deutlich wird dies, wenn man an Prozesse zwischen jeweils verschiedenen Parteien denkt, die ebenfalls von Art. 22 EuGVÜ erfaßt werden. Klagt aus einem zwischen drei Personen geschlossenen Vertrag A gegen B am Erfüllungsort, so ist nicht leicht erklärbar, warum dem C das Recht genommen werden soll, den B, wenn auch aus demselben Vertrag, an dessen allgemeinen Gerichtsstand zu verklagen. Ich meine also, ohne hier auf weitere Einzelheiten eingehen zu können, daß die Einführung einer Konnexitätsregel, die anders als eine Weiterentwicklung der Rechtshängigkeit nur durch den Gesetzgeber erfolgen könnte, nur im Rahmen einer Überprüfung des gesamten Zuständigkeitssystems erwogen werden sollte.

VIII. Erweiterte Zuständigkeit kraft Sachzusammenhangs

Damit habe ich zugleich ein geeignetes Stichwort, um mich einem letzten Problemkreis zuzuwenden, einem Problemkreis, in dem sich, der Abwechslung halber, das Europäische Zivilprozeßrecht und seine Handhabung durch den EuGH gerade nicht als konzentrationsfreundlich erweisen. Es geht um die Reichweite der Zuständigkeit am Erfüllungsort und am Deliktsort. Beide Gerichtsstände sind sowohl dem EuGVÜ (Art. 5 Nr. 1 und 3[50]) als auch der deutschen ZPO (§§ 29 und 32) bekannt. Die traditionelle deutsche Auslegung geht dahin, beide Zuständigkeiten eng auf die vertraglichen bzw. die deliktischen Anspruchsgrundlagen zu begrenzen. Wenn also am Gerichtsstand des Erfüllungsortes eine Klage aufgrund Vertragsverletzung erhoben ist, so ist es dem Gericht verwehrt, über eine deliktische Anspruchsgrundlage zu entscheiden, auch wenn sich die unerlaubte Handlung aus demselben Lebenssachverhalt ergibt. Es liegt auf der Hand, daß das Zuständigkeitsrecht auf diese Weise eine Zersplitterung der Prozesse ermöglicht. Der Kläger kann nach Abweisung der auf Vertrag gestützten

---

[49] Lüpfert (Fn. 48), S. 249 will daher bei ihrem Vorschlag nicht auf die Reihenfolge der Klagen abstellen. Dann ergeben sich aber bei der praktischen Umsetzung erhebliche Schwierigkeiten, vielleicht sogar ein Wettlauf der Gerichte, sich „zugunsten" des jeweils anderen Gerichts für unzuständig zu erklären?

[50] Auch nach europäischem Recht besteht die Zuständigkeit sowohl am Handlungs- als auch am Erfolgsort einer unerlaubten Handlung, s. EuGH Bier/Mines de potasse d'Alsace, Slg. 1976, 1541 = NJW 1977, 493.

Klage erneut am Gerichtsstand der unerlaubten Handlung oder am allgemeinen Gerichtsstand des Beklagten aus unerlaubter Handlung vorgehen. Allerdings gibt es seit längerem auch die Gegenansicht, die einen Gerichtsstand des Sachzusammenhangs zugunsten der jeweils anderen Anspruchsgrundlagen postuliert, auf diese Weise die engen Zuständigkeitsgrenzen überwindet und der Zersplitterung von Prozessen vorbeugt. Leider hat diese Auffassung beim EuGH keinen Beifall gefunden. Der Gerichtshof[51] betont in diesem Zusammenhang, die besonderen Gerichtsstände seien Ausnahmen vom Grundsatz der Wohnsitzzuständigkeit und daher eng auszulegen[52]. Daher könne über eine im Gerichtsstand der unerlaubten Handlung erhobene Klage nicht unter anderen, nicht deliktischen Gesichtspunkten entschieden werden. Der BGH[53] hat diese Linie auch für das autonome internationale Zivilprozeßrecht übernommen. Es ging um einen nicht unvermögenden Hamburger, der alles daran setzte, Herz und Hand einer in Spanien lebenden Brasilianerin zu gewinnen. Der Deutsche finanzierte ein Haus in Spanien, überwies 245 000 DM und beschenkte die Verehrte auch mit einem Mercedes SL Roadster. Zunächst, wie es schien mit Erfolg, doch das in Hamburg erlassene Aufgebot führte schließlich doch nicht zu einer Eheschließung. Nach einem Intermezzo – die Brasilianerin gebar in ihrer Heimat einen Sohn, der nicht vom Deutschen abstammte – wurde erneut das Aufgebot in Hamburg bestellt. Doch auch jetzt konnte sich die Verlobte am Ende nicht zur Ehe entschließen, und die Beziehung zerbrach. Jetzt klagte der Deutsche in Hamburg auf Rückzahlung der 245 000 DM und auf Ersatz für den Mercedes. Der BGH erklärte sich aber, anders als das OLG Hamburg, nur für die deliktische Anspruchsgrundlage (es war in grober Weise gar von Betrug die Rede) für zuständig, nicht für Ansprüche auf Rückgabe von Verlobungsgeschenken mit letztlich bereicherungsrechtlicher Natur. Interessant ist die Begründung. Obgleich der Fall nicht vom EuGVÜ erfaßt wurde (schon aus zeitlichen Gründen), glaubte der BGH der erwähnten Rechtsprechung des EuGH folgen zu sollen, denn dies gebiete „das In-

---

[51] EuGH, Kalfelis/Schröder, Slg. 1988, 5565 = NJW 1988, 3088 (Geimer).

[52] Andererseits argumentiert der EuGH zugunsten einer weiten Auslegung des Deliktsorts (sowohl Handlungs- als auch Erfolgsort) damit, andernfalls verlöre Art. 5 Nr. 3 EuGVÜ seine „praktische Wirksamkeit", s. EuGH, Sheville/Presse Alliance, Slg. 1995 I 415 = NJW 1995, 1881, 1882; ebenso bereits EuGH, Bier/Mines de potasse d´Alsace, Slg. 1976, 1541 = NJW 1977, 493.

[53] BGH NJW 1996, 1411 = JZ 1997, 88 (mit ablehnender Anmerkung Gottwald) = IPRax 1997, 187 (dazu kritisch Mankowski IPRax 1997, 173).

teresse des internationalen Rechtsanwendungseinklangs und der Einheitlichkeit der Auslegung von Staatsverträgen" (obgleich von der Geltung eines Staatsvertrages gerade nicht die Rede sein konnte). Dem Klägerinteresse genüge, so der BGH, die Möglichkeit, am Wohnsitzgerichtsstand der Beklagten die Klage auf alle in Betracht kommenden Anspruchsgrundlagen zu stützen.

Nun hat allerdings in Deutschland die Lehre vom Gerichtsstand kraft Sachzusammenhangs[54] durch die neue Regelung für die Rechtswegzuständigkeit erheblichen Auftrieb erhalten. Nach § 17 Abs. 2 Satz 1 GVG ist, wenn ein Rechtsweg für eine der in Betracht kommenden Anspruchsgrundlagen gegeben ist, das Gericht auch für andere Anspruchsgrundlagen zuständig, auch wenn für diese bei isolierter Betrachtung ein anderer Rechtsweg gegeben wäre. Wem bisher die Bejahung eines Gerichtsstands des Sachzusammenhangs angesichts der Gesetzeslage als zu kühne, die Grenzen der Auslegung überschreitende Neuerung erschien, der kann sich nunmehr auf die analoge Anwendung[55] des § 17 Abs. 2 Satz 1 GVG stützen. Der BGH folgte diesem Gedanken zwar nicht, aber doch nur für den Bereich des internationalen Zivilprozeßrechts. Man sollte also dieser Entscheidung nicht vorschnell eine Absage an den Gerichtsstand des Sachzusammenhangs auch für den innerstaatlichen Bereich entnehmen. Die Bedeutung der örtlichen Zuständigkeit ist innerstaatlich erheblich geringer als im internationalen Bereich, in dem mit der Zuständigkeit der Gerichte eines anderen Staates auch die Geltung anderen Prozeßrechts und oft auch anderen Internationalen Privatrechts verbunden ist. Innerhalb Deutschlands aber ist nicht ersichtlich, warum nicht, wenn schon im Gerichtsstand des Erfüllungsortes oder des Deliktsorts geklagt wird, auch über die jeweils parallel laufenden Anspruchsgrundlagen mitent-

---

[54] Grundlegend vor allem Baur, Zuständigkeit aus dem Sachzusammenhang? Ein Beitrag zur Rechtswegzuständigkeit bei mehrfacher Klagbegründung, in Esser/Thieme, Festschrift für Fritz von Hippel (1967), S. 1.

[55] Dafür u. a. Schwab, Zum Sachzusammenhang bei Rechtsweg- und Zuständigkeitsentscheidung, in Bettermann/Löwisch/Otto/K. Schmidt (Hrsg.), Festschrift für Albrecht Zeuner (1994), S. 499, 504 ff.; Rosenberg/Schwab/ Gottwald, Zivilprozeßrecht, 15. Aufl. (1993), § 36 VI 2; Zeiß, Zivilprozeßrecht, 9. Aufl. (1997), Rdnr. 91; Zöller- Vollkommer, ZPO, 21. Aufl. (1999), § 12 Rdnr. 21, § 32 Rdnr. 20; Hoffmann, § 17 Abs. 2 Satz 1 GVG und der allgemeine Gerichtsstand des Sachzusammenhangs, ZZP 107 (1994), S. 3, 16 f. – A. M. Würthwein, Zur Problematik der örtlichen und internationalen Zuständigkeit aufgrund unerlaubter Handlung, ZZP 106 (1993), S. 51, 74 ff.; Spickhoff, Gerichtsstand des Sachzusammenhangs und Qualifikation von Anspruchsgrundlagen, ZZP 109 (1996), S. 493, 499.

schieden werden sollte. Dafür spricht nicht zuletzt, daß die Abgrenzung zwischen Deliktsrecht und Vertragsrechts heute keineswegs mehr so strikt erfolgen kann, wie bei Erlaß der ZPO; sie trägt im Gegenteil (wie auch der internationale Vergleich zeigt) jedenfalls teilweise eher zufälligen Charakter.

Das einzige Gegenargument wäre, auch innerstaatlich den Grundsatz des Wohnsitzgerichtsstaates mit einer besonderen Weihe zu versehen. Dann müßte man aber konsequenterweise fragen, ob überhaupt die Zuständigkeiten am Deliktsort und am Erfüllungsort noch zeitgemäß sind. Die dafür sprechenden Sachgesichtspunkte sind spärlich. Oft ist recht pauschal von der Beweisnähe die Rede. Doch wenn man sich die Vielfalt der Sachverhalte vergegenwärtigt, die beispielsweise eine deliktische Haftung auslösen können, und wenn man zudem die weite Auslegung bedenkt, die die Zuständigkeit am Deliktsort durch Einbeziehung des Handlungs- wie des Erfolgsorts erfahren hat, so sieht man schnell ein, daß die „Beweisnähe" oft nur auf dem Papier steht. Das gilt wohl auch für den vom BGH entschiedenen Fall des heiratswilligen Hamburgers; wäre aber Hamburg besonders „beweisnahe", so würde dies genauso für die Voraussetzungen einer bereicherungsrechtlichen Anspruchsgrundlage gelten. Die modernen Verkehrsverhältnisse tun ein übriges, um die Bedeutung der innerstaatlichen örtlichen Zuständigkeit zu reduzieren. Und ein wichtiges Datum hat schließlich auch der Gesetzgeber geschaffen, in dem er für das Jahr 2000 den Grundsatz der Lokalisation aufgehoben hat. Jede Partei wird sich dann quer durch die Republik von ihrem „Hausanwalt" vertreten lassen können. Im Ergebnis meine ich, daß man nach geltendem Recht den Gerichtsstand des Sachzusammenhangs anerkennen, de lege ferenda aber das herkömmliche Zuständigkeitsrecht überprüfen und vereinfachen sollte, auch um die Verfahrenskonzentration zu fördern.

IX. Weitere Anwendungsfelder des Konzentrationsgedankens

Die verfügbare Zeit ist erschöpft, der Konzentrationsgedanke dagegen keineswegs. Es gibt eine Reihe weiterer zivilprozessualer Fragen, bei denen eine Besinnung auf die Verfahrenskonzentration Not täte. Ich erwähne etwa die sehr enge deutsche Rechtskraftumgrenzung, die sich vielleicht doch schon nach geltendem Recht etwas erweitern ließe, ich erwähne die Zulässigkeit der Teilklage, der man in Deutschland höchst tolerant begegnet, bis hin zu der seltsamen, gleichwohl von der h. M. entschieden verteidigten Möglichkeit, selbst nach rechtskräftiger

Abweisung einer Teilklage über den „restlichen" Teil erneut einen Prozeß zu beginnen.[56]

Auch über den ordentlichen Zivilprozeß hinaus verdient die Devise
Verfahrenskonzentration statt Verfahrenszersplitterung Beachtung. Ist
es wirklich unvermeidlich, im Verhältnis einstweiliger Rechtsschutz
und Hauptsacheprozeß nach zwei Instanzen im einstweiligen Verfahren drei weitere im Hauptsacheprozeß folgen zu lassen, wenn z. B. zuerst über eine wettbewerbsrechtliche Unterlassungsverfügung gestrit-
ten wird, die Sache um ihrer Bedeutung willen dann aber auch im
Hauptsacheprozeß bis hinauf zum BGH geführt werden soll? Auch
darüber, ob die mögliche Aufeinanderfolge eines ausgedehnten Erb-
scheinsverfahrens und des ordentlichen Zivilprozesses mit bis zu drei
weiteren Instanzen nicht vermieden werden könnte, ließe sich nach-
denken. Und nicht zuletzt verdient auch der Gedanke, das strafprozessuale Adhäsionsverfahren effektiv zu gestalten, trotz des bisher gerin-
gen Ertrags gesetzgeberischer Verbesserungsbemühungen, weiterhin
Beachtung, wobei man sich ausländische Vorbilder (hier etwa im französischen[57] und im spanischen Recht[58]) zunutze machen könnte.

Ich komme zum Schluß. Wege zur Konzentration von Prozessen
gibt es in vielfältiger Art. Gerade das europäische Zivilprozeßrecht ver-
mittelt dazu bemerkenswerte Anregungen. Manche Wege vermag nur
der Gesetzgeber zu beschreiten, andere stehen schon im Rahmen der
Anwendung des geltenden Rechts zur Verfügung. Ob dieser Vortrag
sein Ziel erreicht, für den Gedanken der Verfahrenskonzentration zu
werben und ihn als wichtigen Bestandteil der Prozeßökonomie im Ar-
gumentationshaushalt der Praxis und der Rechtspolitik zu etablieren,
wird die Zukunft erweisen.

---

[56] Gegen die h. M. ausführlich Leipold, Teilklagen und Rechtskraft, in Festschrift für Albrecht Zeuner (Fn. 54), S. 431.

[57] Dazu Prinz von Sachsen Gessaphe, Das kränkelnde deutsche Adhäsionsverfahren und sein französischer Widerpart der action civile, ZZP 112 (1999),
S. 1.

[58] Vgl. zur Verbindung von Straf- und Zivilklage im spanischen Strafprozeß
Vossler, Strafprozessuale Zwangsmittel als Instrumente des beschleunigten
Rechtsgüterschutzes (1998), S. 53.